PRZYGODY FENKA
Woda
ŻYWIOŁY
AF364876

W tym tygodniu Fenek spędza sobotę i niedzielę u babci i dziadka na wsi. Większość czasu pluska się w ogrodowym basenie, ponieważ od dwóch tygodni jest naprawdę bardzo gorąco. Nasz bohater ogromnie się z tego cieszy: wprost uwielbia wodne zabawy. Tylko babcia jest jakaś dziwna… Ze smutną miną przechadza się po ogrodzie.

– Babciu, czy coś się stało? – Fenek woła z basenu. – Nie lubisz słońca? – dopytuje.

Babcia odchodzi od kwiatów, nad którymi się pochylała, i zmierza w kierunku wnuczka.

– Bardzo lubię słońce – mówi z uśmiechem. – Ale od dawna nie było u nas deszczu, ziemia jest wysuszona i wszystkie moje rośliny zaczynają więdnąć – tłumaczy z poważną miną. – Bardzo chciałabym, żeby wreszcie choć trochę pokropiło.

Fenek nigdy wcześniej nie zastanawiał się nad tym, że deszcz jest tak bardzo potrzebny. Zdarzało się nawet, że złościł się, kiedy padało, bo nie mógł się bawić w ogrodzie.

O czym marzy babcia Fenka?

Po chwili wychodzi z basenu, aby przyjrzeć się roślinkom babci.

– Ojej, naprawdę nie wyglądają dobrze – mówi, przykucając obok chylących się ku ziemi kwiatów. Nieopodal dostrzega krzewinki truskawek: ich listki są już zupełnie zwiędnięte. Na twarzy Fenka pojawia się smutek.

Babcia podchodzi i bierze go za rączkę.

– Słyszałam w radio, że dziś wieczorem wreszcie ma być deszcz! – mówi uradowana. – Miejmy nadzieję, że tak będzie i wszystkie nasze roślinki odżyją.

Na co patrzy Fenek?

ALBUM

Po pysznym obiadku Fenek wraz z babcią
i dziadkiem siadają na ogrodowej
huśtawce i wspólnie przeglądają rodzinne
albumy ze zdjęciami. Chłopiec bardzo je
lubi. Zabawnie jest oglądać swoją mamę,
kiedy była jeszcze małą dziewczynką.
Często miała buzię ubrudzoną czekoladą
i wspinała się na drzewa – zupełnie jak
Fenek.

– A to co takiego?! – chłopiec wykrzykuje
nagle, kiedy babcia przewraca stronę
w albumie. Nigdy wcześniej nie widział
tych zdjęć.

Co Fenek trzyma w dłoniach?

Na fotografii widać mnóstwo brudnej wody: jest jej tak dużo, że widać tylko dachy domów.

– Co tutaj się stało? Co to za miejsce? – wypytuje Fenek i z niedowierzaniem wpatruje się w zdjęcia.

– To Słoneczna Kraina – wyjaśnia babcia.

– A tutaj – dziadek wskazuje palcem jeden z dachów – jest nasz dom.

Fenek otwiera buzię ze zdziwienia.

– Skąd wzięło się tutaj tyle wody?

– To było bardzo deszczowe lato – wzdycha babcia. – Padało przez wiele dni bez przerwy i pobliska rzeka wylała, zatapiając całą wieś.

– To znaczy, że była tutaj powódź? – pyta
Fenek, który kiedyś słyszał o czymś takim
w telewizji.

– Właśnie tak – dziadek kiwa głową. – Woda
zniszczyła domy i mnóstwo rzeczy, a my
sami musieliśmy opuścić Słoneczną Krainę –
wspomina.

– I gdzie wtedy zamieszkaliście? – dopytuje
Fenek.

– Na szczęście mogliśmy zatrzymać się
u cioci i wujka – opowiada babcia. – Jednak
odbudowanie naszego domu trwało kilka lat.

Fenek nigdy wcześniej nie słyszał tej historii. Jest bardzo smutna i pewnie dlatego dziadkowie jej nie opowiadali.

– Mam nadzieję, że już nigdy nie spadnie tyle deszczu! – mówi z poważną miną. Nie chciałby, żeby woda znów zalała dom babci ani jego własny!

– My też mamy taką nadzieję – uśmiecha się dziadek.

– A ja chciałabym, żeby jednak trochę go spadło, bo moje rośliny są już w coraz gorszym stanie – mówi babcia, wyglądając przez okno.

Co pomoże roślinkom?

ALBUM

Fenek nic nie mówi i zastanawia się nad czymś.

„To ciekawe – myśli. – Woda jest nam i roślinom bardzo potrzebna, ale kiedy jest jej zbyt dużo, to może wiele zniszczyć…"

Z zamyślenia wyrywa go ciche stukanie o parapet, które stopniowo robi się coraz głośniejsze.

– Deszcz! – woła uradowana babcia i wybiega na ganek. Zaraz za nią pojawiają się tam Fenek i dziadek.

– Może skorzystamy z okazji i wybierzemy się na deszczowy spacer? – proponuje dziadek.

Fenkowi bardzo podoba się ten pomysł. Cała trójka szybko wkłada kalosze, a babcia zabiera z szafy duży kolorowy parasol. Chwilę później idą już wzdłuż drogi, a Fenek nie przepuszcza żadnej okazji, by wskoczyć w kałużę.

– Hopsa! – woła uradowany.

Po około godzinie deszcz przestaje padać, a nasi bohaterowie wracają do domu. Babcia już nie może się doczekać, kiedy zobaczy swoje roślinki.

– Mam nadzieję, że po takiej porcji deszczu czują się dużo lepiej! – mówi i uśmiecha się do Fenka.

Ciekawe sposoby spędzania czasu z dzieckiem

Zaproponuj dziecku wspólne zabawy z wodą. Jeśli jest lato, możecie razem pojechać na basen lub nad jezioro albo urządzić wodną bitwę, np. z użyciem małych balonów wypełnionych wodą. Jeśli jest zima, wykorzystajcie śnieg i lód. Przynieście je do domu i oglądajcie, jak powoli zamieniają się w wodę. Jesienią czy wiosną, świetnym pomysłem będzie wspólny spacer w deszczu. Czy skakaliście kiedyś po kałużach? Jeśli nie, koniecznie musicie spróbować!

Dzięki tej książeczce Twoje dziecko:

– dowie się, dlaczego deszcz jest potrzebny;

– pozna słowo „powódź" i dowie się, co to takiego;

– przekona się, że woda jest niezbędna do życia, ale może być również bardzo niebezpieczna;

– dowie się, czym jest ulewa.

Wskaż, który element będzie następny?

Poznawaj rosnący świat książek
serii "Przygody Fenka"
Ciesz się najnowszymi i nadchodzącymi przygodami i mnóstwem bezpłatnych zasobów!
Czy masz którąś z tych niesamowitych przygód?
POLECANE PRZEZ PEDAGOGÓW I PSYCHOLOGÓW
EMOCJE
OSOBOWOŚĆ
Złość
Strach
Zazdrość
Wdzięczność
Wzruszenie
Ufność
Wyrzuty sumienia
Tęsknota
Duma
Nieśmiałość
Przyjaźń
Miłość
Samotność
Szczypanie
Skarżenie
Samoocena
Śmierć w rodzinie
Adopcja
To moje ciało
Rozstanie rodziców
Proszę
Przepraszam
Dziękuję
Pozdrowienia
Cierpliwość
Odpowiedzialność
Odwaga
Szacunek
Prawdomówność
Asertywność
Bezinteresowność
Kreatywność
Uczciwość
Planowanie
Punktualność
Spostrzegawczość
Wytrwałość
Samodzielność
Empatia
Lenistwo
Jesteśmy sobie potrzebni
Kłopoty ze słowami
Moje okulary
Nowy kolega

BEZPIECZEŃSTWO I ŚRODOWISKO

 Numer alarmowy — BEZPIECZEŃSTWO

 Ruch drogowy — BEZPIECZEŃSTWO

 Trujące rośliny — BEZPIECZEŃSTWO

Znam swój adres — BEZPIECZEŃSTWO

 Wiosna w ogrodzie — PORY ROKU

 Lato nad morzem — PORY ROKU

 Skarby jesieni — PORY ROKU

 Zabawy na śniegu — PORY ROKU

 Moje drzewko — DBAM O ŚRODOWISKO

 Segreguję śmieci — DBAM O ŚRODOWISKO

 Sprzątanie świata — DBAM O ŚRODOWISKO

 Woda to skarb — DBAM O ŚRODOWISKO

 12 miesięcy — CZAS

 Zegar — CZAS

 Dni tygodnia — CZAS

 Noc i dzień — CZAS

 Ogień — ŻYWIOŁY

  Woda — ŻYWIOŁY

Powietrze — ŻYWIOŁY

 Ziemia — ŻYWIOŁY

CIAŁO I ZDROWIE

 Węch i smak — ZMYSŁY

Wzrok — ZMYSŁY

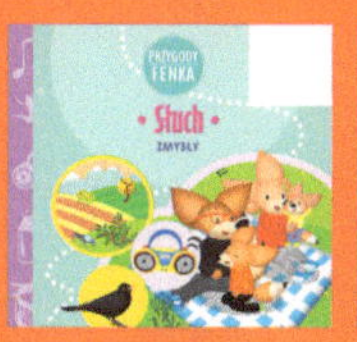 Słuch — ZMYSŁY

 Dotyk — ZMYSŁY

 Jem zdrowo! — MOJE ZDROWIE

Lubię sport! — MOJE ZDROWIE

 Myję ręce — MOJE ZDROWIE

 Wizyta u dentysty — MOJE ZDROWIE

Co nowego?

sprawdź na www.fenek.com

DOBRE ZACHOWANIE

MIEJSCA I WYDARZENIA

 Pierwszy dzień w przedszkolu — WYDARZENIA

 Ostatni dzień w przedszkolu — WYDARZENIA

 Wielkanoc — WYDARZENIA

 Boże Narodzenie — WYDARZENIA

 Pobyt w szpitalu — WYDARZENIA II

 Dzień Mamy i Taty — WYDARZENIA II

 Dzień Babci i Dziadka — WYDARZENIA II

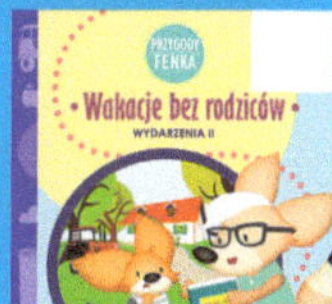 Wakacje bez rodziców — WYDARZENIA II

 Biblioteka — MIEJSCA

 Muzeum — MIEJSCA

 Restauracja — MIEJSCA

 Teatr — MIEJSCA